PROUDHON

PARIS. — TYP. WALDER, RUE BONAPARTE, 11.

PROUDHON

Badinier, Imp. r du Four S.G 65. Paris

LES CONTEMPORAINS

PROUDHON

PAR

EUGÈNE DE MIRECOURT

PARIS

GUSTAVE HAVARD, ÉDITEUR

15, RUE GUÉNÉGAUD, 15

1855

AVANT-PROPOS.

Vingt fois déjà nous l'avons dit, et nous le répétons encore : l'histoire contemporaine rencontre sur sa route une infinité d'écueils.

Mille passions haineuses s'agitent autour de nous.

En vain l'impartialité nous sert de guide, en vain le sentiment de justice le plus loyal dicte nos paroles, on va jusqu'à nous faire un crime de protester de notre bonne foi.

Nous sommes accusé de mensonge sur toute la ligne.

D'obscurs libellistes, enfants trouvés
du style, trempent leurs mains en pleine
boue, et nous provoquent à ces batailles
ignobles d'où le vainqueur lui-même ne
s'échappe qu'avec des souillures.

Grand merci, messieurs, restez dans
votre fange!

Tout notre temps appartient à l'étude,
au travail, aux recherches. Peu nous
importent vos criailleries impuissantes,
vos injures, vos phrases calomniatrices,
votre rage et votre haine.

Qui êtes-vous? d'où sortez-vous?

Avocats d'une cause indigne, plaidez
à votre aise, et n'espérez point de ré-
plique.

Vous pouvez tant qu'il vous plaira dé-
fendre et M. de Lamennais et tous ceux

qui ont mérité notre blâme. Le bout de l'oreille démocratique et la rancune de parti percent beaucoup trop sous votre colère, pour qu'on soit dupe de vos insinuations perfides et de vos démentis sans preuves.

On sait avec quel soin nous allons aux renseignements, avec quel scrupule chaque nuance historique, chaque particularité de la vie de nos personnages, chaque face de leur caractère sont étudiées par nous et soumises au contrôle.

Certes, nous n'avons pas la prétention d'être infaillible.

Mais nous avons celle d'être consciencieux, et nous défions la calomnie la

plus impudente de nous trouver en dé–
défaut là-dessus.

Ainsi donc nous poursuivrons tran–
quillement notre œuvre.

Imprimez contre nous articles sur articles, brochures sur brochures, biographies sur biographies, vous n'aurez
pas même la satisfaction de nous émou-
voir, et vous n'obtiendrez ni l'honneur
d'une réponse ni le retentissement d'un
démenti.

EUGÈNE DE MIRECOURT.

PROUDHON

A Besançon, patrie du général Moncey, du jésuite Nonotte, de l'académicien Suard, de Charles Nodier et de Victor Hugo, naquit, le 15 janvier 1809, un enfant du sexe masculin.

La terre trembla, le ciel cacha son azur. Un frisson de terreur agita les hommes.

De noirs et lugubres fantômes parcoururent le vieux monde. On entendit gronder dans la nue des prédictions sinistres. Le coffre du financier s'ouvrit de lui-même, éparpillant l'or; la gerbe mûre disparut du sillon; le père inquiet chercha ses fils, absents du foyer; l'époux trouva déserte la couche nuptiale, et le prêtre, agenouillé devant l'autel, vit une main sacrilége briser le tabernacle.

Le grand démolisseur de la propriété, de la famille et de la religion, venait de naître...

Ouf!

Et dire que nous eussions commencé

par ces lignes terribles la biographie de
Pierre-Joseph Proudhon, si 1852, l'année
fatale, n'était là derrière nous ; tran-
quille et souriante, après avoir arraché
le masque de Croquemitaine, qui nous
regarde, à l'heure qu'il est, penaud et
déconfit.

Sa griffe et ses dents sont beaucoup
moins longues, en vérité, que chacun ne
paraissait le croire; et nous pouvons sans
gêne éclater de rire, au début de ce pe-
tit volume.

Ah! la bonne comédie!

Voyez-vous l'ogre Proudhon, drapé
dans son manteau rouge, agitant de la
main droite un coutelas gigantesque, te-
nant de la gauche une torche incen-
diaire, faisant la grosse voix, et se pla-

çant, du premier bond, sur le piédestal
où doit trôner l'Antechrist?

— Tudieu, c'était grave!

Le gaillard sommait tout simplement
la société de se mettre en liquidation et
lui annonçait son dernier jour.

Aussitôt les bourgeois s'unissent contre
l'ennemi commun. La presse entière
sonne l'alarme.

De Paris, la panique saute en province.
On tressaille, on gémit, on pleure ; on
croit voir poindre là-bas sur le grand
chemin la phalange déguenillée des *par-
tageux*; on demande pour la combattre
fusils et cartouches.

Et pendant tout ce désordre, au milieu
de cette épouvante, sans prendre garde
au feu qu'il allume, sans s'inquiéter de

la catastrophe à venir, Proudhon continue de lancer aux masses indignées ses phrases de révolte et ses paradoxes haineux.

Qu'est-ce donc, s'il vous plaît, que cet homme?

Nous allons vous répondre par son histoire.

Pierre-Joseph est fils d'un pauvre tonnelier brasseur, qui l'envoya très-jeune sur les bancs de l'école primaire, comptant lui apprendre son état, lorsqu'il saurait lire et écrire.

« Les Proudhon, dit M. Hippolyte Castille, dans *les Hommes et les Mœurs*, sont des paysans paperassiers et liseurs de codés. »

De cette famille est issu un jurscon-
sulte célèbre.

Toute la race est foncièrement révolutionnaire, querelleuse et grande amie
des procès.

Chez ces villageois mutins [1], le papier
timbré ne cause aucune alarme. Ils forment au sein de la Franche-Comté une
véritable colonie normande, plaident
pour un *oui*, plaident pour un *non*, et
se précipitent, tête baissée, dans la première lutte qui se présente.

Pourvus, outre cela, d'une activité
folle et d'un amour-propre extravagant,
ils entreprennent tout et ne réussissent
à rien.

[1] Ils sont presque tous originaires de Chanans, pa-
roisse de Nods (Doubs).

On les appelle dans le pays des *cudots*, mot patois qui renferme la double qualification do spéculateurs et de visionnaires.

Un des oncles de Pierre-Joseph est un original sans copie.

Vous l'entendez affirmer le plus sérieusement du monde qu'un pape a jeté sur la souche proudhonienne une malédiction, qui se perpétue de siècle en siècle, et empêche toute la descendance de réussir dans ses entreprises.

Quand il vient à Besançon, les jours de marché, son premier soin est de courir à la bibliothèque, où, depuis quarante ans, il compulse l'*Histoire des Papes*, afin d'y découvrir quel a pu être

le pontife assez malveillant pour jouer
ce vilain tour à ses aïeux.

— Une fois que j'aurai son nom, dit-
il, le malheur des Proudhon cessera. Je
suis certain de rompre le charme.

Il professe les croyances les plus sin-
gulières, et soutient que beaucoup d'in-
dividus peuvent, à cent lieues de dis-
tance, lire au fond de sa pensée. Quand
il s'est mis en tête une belle et bonne
erreur, il n'est pas d'argument qui puisse
le convaincre qu'il a tort.

Aussi Proudhon, traçant dans un de
ses livres[1] le portrait de ce fantasque
personnage, se garde bien d'avouer qu'il
est son oncle, afin d'esquiver le paral-
lèle.

[1] *De la Création de l'ordre.*

Il ne faut pas croire cependant qu'il rougisse de sa famille.

On connaît la fameuse boutade, lancée à la tête d'un légitimiste :

«—J'ai quatorze quartiers de paysannerie, monsieur ! Comptez-vous le même nombre de quartiers de noblesse?»

Pierre-Joseph était sans contredit le premier élève de l'école primaire ; mais on l'en retira de bonne heure, pour lui mettre en main le maillet du tonnelier.

L'enfant le reçut d'assez mauvaise grâce.

Agé de dix ans à peine, il avait déjà la conscience de sa force intellectuelle et répugnait à devenir un simple manouvrier.

Quelques personnes influentes de Be-

2

sançon lui obtinrent la faveur de suivre gratuitement les classes du collége
royal.

Or, son père était si pauvre, qu'il ne
put lui acheter qu'une très-faible partie
des livres indispensables à ses études.

Notre jeune élève manquait surtout
de dictionnaires.

Il faisait ses devoirs tant bien que
mal, en soignant sa mère malade, et
chaque matin il devançait l'heure de la
classe pour aller se mettre en embuscade
aux environs du collége. Là, guettant un
camarade, il lui empruntait les livres
qu'il n'avait pas et complétait sur la
première borne venue ses versions ou
ses thèmes.

Les compatriotes de notre héros tiennent ce fait de la bouche de M. Ordinaire, ancien recteur de l'Académie de Besançon, qui se plaisait à le raconter.

Ces débuts annonçaient une nature studieuse, une volonté ferme dans le travail.

Malheureusement la détresse de la famille augmentait chaque jour, et Pierre-Joseph, au lieu de puiser au logis paternel des principes de résignation et de patience, n'y trouvait que l'amertume de la plainte, le blasphème et le désespoir sombre.

La parole du Christ n'avait point d'écho dans cette maison désolée.

Au lieu de regarder le ciel, on regardait la terre ; on y voyait des riches, des heureux, et les vieilles doctrines de la race aidant, c'était là chaque jour un concert d'imprécations contre la Providence, contre la société, contre les hommes.

Proudhon mangea le pain de l'envie et but à la coupe de l'aigreur.

Tout ce qu'il y avait de nobles instincts dans cette jeune et féconde nature se racornit et s'atrophia au souffle de la haine. Convaincu de son mérite par les succès obtenus dans ses classes, et cherchant ailleurs une supériorité que ne lui donnaient ni la fortune ni la naissance, il se réfugia dans l'orgueil comme dans un sanctuaire.

On remarque chez Proudhon, dès sa première jeunesse, une tendance implacable au despotisme de l'idée.

Trouvant ses camarades rebelles à ses prétentions et à ses discours, il refuse de partager leurs jeux, fait bande à part et ne leur adresse plus une parole.

Nous le verrons, par la suite, rester constamment fidèle à ce caractère impérieux, bourru, dominateur.

A l'époque de sa première communion, les maximes chrétiennes ellésmêmes ne peuvent terrasser son orgueil.

Il lutte intérieurement contre les croyances qu'on lui prêche, et l'humilité, l'esprit de soumission, l'espoir en Dieu, lui semblent autant de chimères créées à l'usage des sots.

Forcé de laisser là ses études et de travailler pour vivre, il entre dans un vaste établissement typographique, où

son intelligence est appréciée sur-le-
champ par les patrons.

De simple imprimeur, il devint suc-
cessivement correcteur, compositeur et
prote.

Entre tous ses confrères d'atelier,
Pierre-Joseph ne daigne pas choisir un
ami.

Les passions, si nous pouvons nous
exprimer de la sorte, désertent le cœur
chez ce jeune homme bizarre, pour
monter tumultueusement au cerveau.
Jamais il ne hante les cafés ou les bals;
il ne se permet aucun plaisir, ne se
donne aucune distraction.

Chaque soir, après sa besogne termi-
née, pluie ou vent, neige ou tempête, il
sort de la ville, se promène une heure à

travers-champs, et rentre au galétas
qu'il habite, afin d'y chercher, dans sa
veille fiévreuse, la solution des pro-
blèmes que voici :

« Pourquoi les uns naissent-ils dans
l'opulence et les autres dans la misère ? »

« D'où vient qu'en ce monde il y ait
des hommes heureux et des hommes
qui souffrent ? ».

L'Évangile est là, sous ses regards,
l'Évangile dont on lui a commenté les
divins préceptes, l'Évangile qui, depuis
six mille ans de tourmentes philosophi-
ques et sociales, a pu seul résoudre la
question.

Mais l'orgueilleux repousse le saint
livre.

Humilier son jugement, le courber.

sous le joug chrétien, non pas ! Ceci est
bon pour les imbéciles qui l'entourent.

Quant à lui, Pierre-Joseph, il refuse
d'accepter la doctrine de Jésus.

Il entend qu'il n'y ait plus ici-bas ni
riches ni pauvres, et que le bifteck se
partage d'une manière égale entre tous:

Oui, le bifteck, le ventre, la gourman-
dise, l'amour de tout ce qui est matière,
de tout ce qui se mange, de tout ce qui
se palpe, de tout ce qui donne les joies
sensuelles, la table du prochain, son
champ, sa vigne, son lit, sa maison, son
or, voilà, quoi qu'on dise, le premier,
l'unique mobile de ces grands réformateurs.

Les espérances de l'autre monde, al-

lons donc! Celui-ci d'abord, nous verrons ensuite.

Et voilà notre ouvrier typographe
plongé dans les recherches, compulsant
les livres, frappant à la porte de toutes
les philosophies pour leur demander le
mot de l'énigme.

N'obtenant aucune réponse satisfai-
sante, il devient de jour en jour plus ir-
ritable et plus sombre.

« Tout ce que je sais, a-t-il dit plus
tard dans son livre *de la Création de
l'ordre*, je le dois au désespoir ! »

Aveu terrible qui le condamne sans
retour.

Fils d'un artisan malheureux, ayant
reçu malgré sa pauvre origine les bien-
faits de l'éducation, trouvant dans un

travail honorable des moyens d'exis-
tence, M. Proudhon n'avait aucun motif
de se livrer au désespoir.

Envers lui la société ne s'était point
conduite en marâtre.

Il se fâcha parce qu'elle ne lui donnait
pas assez tout d'abord, semblable à un
enfant mutin, qui, voyant ouvrir une
boîte de pralines, et obtenant la permis-
sion d'en croquer quelques-unes, tré-
pigne et s'emporte pour avoir la boîte
entière.

Véritablement ce genre de désespoir
ne touchera personne.

Un saint archevêque juge ainsi notre
héros :

« Le fond de son caractère est l'irri-
tation et l'aigreur contre la société, de

laquelle il s'est cru banni par la détresse
de sa famille. Ayant pu, par la force de
son esprit, faire des études tronquées
d'un côté, profondes de l'autre, il s'est
dressé à lui-même un piédestal, sur lequel il voudrait recevoir les hommages
de l'univers, au préjudice de Dieu, qui
est pour lui un *rival*. Proudhon n'est
pas un athée, c'est un ennemi de Dieu.»

Revenons aux détails biographiques.

Avec sa nature brusque et mécontente,
on comprend que Pierre-Joseph n'était
aimé ni de ses compagnons ni de ses
maîtres. Les uns comme les autres ap-
préciaient son mérite, ses habitudes
laborieuses ; mais ils n'abordaient qu'a-
vec crainte ce hérisson couvert d'épines,
ce cheval sauvage qui, pour nous servir

de l'expression pittoresque de l'un d'eux,
ruait à tout-le monde. . . .

Se posant en redresseur de torts, il
tranchait toutes les discussions sans
appel et rendait la justice à coups de
poing.

Vis-à-vis de la société, plus tard, il
devait employer une méthode analogue
et retrousser les manches de sa logique
pour mieux assommer l'adversaire.

Un débat s'élevait-il entre le patron
et les ouvriers, notre héros, déjà connu
pour un démocrate farouche, donnait
sans examen droit au faible, condamnait
le fort, et prenait parti quand même
pour la révolte. La querelle s'enveni-
mait au lieu de s'éteindre; à moins (ceci
arriva plus d'une fois) que l'ouvrier

même, dont Proudhon se déclarait le
défenseur, ne vînt à lui clore la bouche,
en s'écriant :

« — De quoi vous mêlez-vous ? »

Sans aucun doute, il y avait dans
cette âme brutale des instincts honnêtes,
mais surexcités à un si haut point par
l'orgueil et si ennemis de la contradiction, qu'ils se dénaturèrent et atteigni-
rent, par la loi qui régit les extrèmes,
aux dernières limites de la perversité en
matière de doctrine.

À la révolution de 1830, Proudhon
est âgé de vingt et un ans.

Quelques hommes sages de Besançon
cherchent à rendre un peu de calme

à cette nature mécontente et à dompter
ce caractère irascible.

On offre au jeune homme la rédaction
on chef du journal de la préfecture;
mais il prétend qu'on veut acheter sa
conscience politique, et refuse net.

Un des prêtres qui lui ont enseigné le
catéchisme dans son enfance croit un
instant pouvoir le conquérir aux idées
religieuses.

Pendant huit mois, cet ecclésiastique
a des conférences quotidiennes avec
Pierre-Joseph.

Il lui prête les *Pères de l'Église* et tous
les ouvrages théologiques capables d'é-
clairer les points qu'ils ont à débattre;
mais il s'aperçoit bientôt que cet esprit
sceptique et tracassier ne cherche dans

ses lectures que de nouvelles armes pour
combattre la foi, s'obstinant à ne pas
regarder la lumière, épiloguant sur le
texte, trouvant que l'évêque d'Hippone
abuse de l'antithèse, que saint Bernard
fait des calembours, et que somme
toute, *la théologie est la science de l'in-
finiment absurde.*

Ces admirables découvertes furent
signalées, depuis, dans les œuvres de
notre héros [1].

— Mon fils, dit le prêtre, perdant courage, vous marchez à grands pas sur le
chemin de la malédiction. Prenez garde!

---

[1] Maintenant encore, il saisit avec empressement
toutes les occasions de parler théologie, afin de vous
expliquer comme quoi il est parvenu à réformer cette
science et à la rendre intelligible. Le catholicisme lui
en sait un gré infini.

Ennemi du Christ, ennemi de la société, vous avez tout à perdre, et chacun sera contre vous.

Ces paroles donnent à réfléchir à Pierre-Joseph.

Il dissimule, et paraît, sinon converti, du moins extrêmement réservé dans ses agressions contre la foi chrétienne et contre les abus sociaux; il semble même faire des efforts pour adoucir la rudesse de ses mœurs.

Aussitôt les sympathies effarouchées lui reviennent; il trouve des amis et des protecteurs.

Un trait fort honorable et complétement digne d'éloge se rencontre ici sous notre plume.

Nous sommes heureux de pouvoir le citer dans la vie de Proudhon.

Vers cette époque, c'est-à-dire en 1832, un jeune ouvrier compositeur arrive dans la ville, dépourvu de ressources et comptant sur un travail immédiat. Mais les imprimeries n'ont point de casse disponible; aucun atelier ne s'ouvre pour le malheureux jeune homme, qui, sans gîte et sans pain depuis quarante-huit heures, va recourir au suicide.

Proudhon le rencontre, l'emmène dans sa chambre, le nourrit, lui donne des vêtements, le loge pendant deux mois et finit par lui procurer du travail.

Nous avons sous les yeux une lettre de ce jeune homme, dans laquelle se trouve la phrase suivante :

3

« Vous me demandez si je connais Proudhon? mais je lui dois la vie. C'est moi qu'il a préservé *du grand saut dans la rivière.* »

En 1837, Pierre-Joseph était encore simple ouvrier.

Deux de ses compatriotes, MM. Lambert et Maurice, ayant acheté un brevet d'imprimeur et ne possédant qu'une science restreinte en typographie, voulurent prendre avec eux un individu capable.

Ils choisirent Proudhon.

Voilà donc notre prote en tiers dans l'exploitation d'un établissement.

MM. Lambert et Maurice versent les fonds, on ne demande à Pierre-Joseph que son travail et son expérience.

Le fils du tonnelier, convenez-en, ne

rencontre déjà pas des obstacles si terribles sur sa route. Il nous semble même que la société, dont il est devenu le plus cruel ennemi, que cette société vicieuse, égoïste, ne se comporte pas très-mal à son égard et lui ouvre d'assez beaux horizons.

Seulement, comme il est ambitieux, chose permise en ce bas monde, et qu'une imprimerie de province ne rend que de médiocres bénéfices, il cherche le moyen d'aller à Paris pour y compléter ses études.

Or, tout aussitôt, — le croirez-vous? — cette abominable société lui vient en aide.

L'académie des belles-lettres de Besançon, chargée de donner au concours

une pension fondée par M. Suard, ac-
cueille avec faveur un *Essai de gram-
maire générale* [1], que lui présente notre

[1] Cette œuvre faisait suite à celle de l'abbé Bergier,
qui a pour titre : *Éléments primitifs des langues*, et
contenait, chose bizarre ! d'éloquentes manifestations
religieuses, destinées sans doute à rendre l'académie
favorable à l'auteur. Ce qui arriva par la suite est
assez curieux. Proudhon, continuant à Paris ses études de linguistique, remania son premier travail et le
présenta à l'Académie des inscriptions et belles-lettres,
en l'intitulant : *Essai sur les catégories grammati-
cales*. L'Académie mentionna très-honorablement l'ouvrage ; mais, sous prétexte qu'il n'en était pas assez
satisfait lui-même, Proudhon refusa de le livrer au
public, et fit vendre chez un épicier toute l'édition
imprimée à Besançon. C'était fort bien. Par malheur,
en 1848, à l'époque du plus grand retentissement des
doctrines antichrétiennes de Pierre-Joseph, un libraire
de sa ville natale retrouve les feuilles dans l'arrière-
boutique de l'épicier, les rachète, en fait des volumes
et les vend avec le nom de Proudhon, qui avait cru
convenable de garder l'anonyme. Jugez de l'effet de
cette publication inattendue ! L'auteur du livre se fâ-
che, et le tribunal de commerce condamne l'éditeur à

typographe, et le dote du premier coup
de la pension triennale de quinze cents
francs, servie par madame veuve Suard.

Au comble de ses vœux, lo provincial
arrive à Paris et se met à l'étude avec
ardeur.

Entouré d'une folle jeunesse qui so
livre à la dissipation et au plaisir, il ne
perd aucun de ses goûts de retraite, aucune de ses habitudes modestes.

Sobre comme un chartreux, il dépense

la destruction des exemplaires. Mais celui-ci s'adresse
à la cour d'appel. Tout le clergé de Besançon prend
fait et cause pour lui. On explique les motifs de la con
duite de l'écrivain; ses pages en faveur de la religion
sont lues en plein tribunal, et les juges, écartant le
point de droit pour statuer sur le fait, donnent gain de
cause au libraire. M. Proudhon resta chrétien par arrêt
de la cour, et vraiment la justice franc-comtoise ne
manque pas d'esprit.

à peine la moitié de sa pension, et con-
sacre l'autre moitié à soutenir ses vieux
parents restés à Besançon dans l'indi-
gence.

Notre impartialité nous fait un devoir
de dire le bien comme nous disons le
mal.

Autrefois Proudhon s'est constamment
montré bon fils, comme il se montre
aujourd'hui bon époux [1]. Expliquez chez
le même homme ce mélange de qualités
et de défauts; cherchez pourquoi ses
actes et ses doctrines sont presque toujours en désaccord; tâchez de comprendre comment le socialiste féroce,
l'ogre de la famille et l'insulteur du

[1] Il s'est marié, en 1849, avec mademoiselle Piedgard,
fille du légitimiste de la rue des Prouvaires.

Christ donne l'exemple des vertus pri-
vées, se marie à l'église et porte ses enfants au baptême, vous réussirez diffici-
lement à trouver le mot de l'énigme.

Pierre-Joseph est le génie incarné de
la contradiction.

Voulant aider sa famille d'une manière encore plus efficace, il consacrait
à des travaux de rédaction pour au-
trui[1] les heures qui lui restaient après
l'étude, et tous les soirs il se rendait à
l'imprimerie d'Everat, rue du Cadran,
où il exerçait l'emploi de correcteur.

Une partie de l'argent gagné par ces
divers travaux servait à éteindre les
dettes de l'imprimerie de Besançon, de-

---

[1] Il est l'auteur d'un livre de jurisprudence qu'un
homme très-connu signa.

venue sa propriété exclusive par la
mort de M. Maurice et par la retraite du
deuxième associé.

Proudhon habitait alors, rue de l'É-
cole-de-Médecine, une étroite mansarde,
où l'on voyait pour unique ameuble-
ment un lit de sangle, une malle, deux
chaises et une table de sapin.

Quelquefois un de ses compatriotes
venait le prendre et l'invitait à dîner.

Le lendemain, payant cette politesse
de retour, Proudhon emmenait son ami
dans son restaurant habituel, c'est-à-dire
dans une simple gargote de la rue des
Saints-Pères, qui avait la renommée de
la soupe aux choux.

Doué d'un appétit remarquable, Pierre-
Joseph mangeait cette soupe avec plaisir;

mais son ami, plus délicat, finit par sou-
haiter un potage moins indigeste; et,
comme la gargote s'obstinait dans la
spécialité qu'elle avait conquise, il fut
convenu que Proudhon rendrait doré-
navant ses dîners à *John-Bull*, place de
Rivoli.

Chez le traiteur anglais, notre héros
trouva dans un énorme plat de pommes
de terre l'équivalent de ses choux.

Le dîner coûtait *un franc quarante
centimes* par convive.

A cette sobriété remarquable Proudhon
joignait ou semblait joindre une continence cénobitique. Ni sollicitations, ni
moqueries ne le décidaient à faire un
pas avec les railleurs du côté de la dé-
bauche. Cet homme étrange écrivait sur

la chasteté des lignes qu'on pourrait croire tombées de la plume d'un Père de l'Église.

« Le mariage est exclusif et saint : toute fornication est un délit contre la nature, contre les personnes et contre la société ; — la raison surveille les sens, la conscience impose un frein. Jouir n'est pas la fin de l'homme. [1] »

[1] Au moment de ses plus grandes violences socialistes, Proudhon combattit le burlesque système d'émancipation féminine, prêché par Pierre Leroux. Il l'envoyait à Charenton avec ses commères (sic), et répétait chaque jour ce sage aphorisme : « Ménagère ou courtisane, il n'y a point pour la femme de milieu. Nous demandons qu'on resserre autour d'elle les liens de la famille, seule sauvegarde de la pudeur et de la chasteté. » Un jour, une de ces femmes avides d'émancipation s'avise de lui écrire une longue lettre au

En voyant Pierre-Joseph professer une doctrine aussi pure, on se demande si la vertu seule était sa conseillère.

Les chefs de secte, les orgueilleux, les génies brouillons, qui, de siècle en siècle, s'attribuent le titre de réformateurs, cherchent toujours à passer pour chastes. Ils savent combien on admire ceux qui paraissent au-dessus des passions et des faiblesses de notre pauvre humanité.

sujet des droits dont on déshérite son sexe. Proudhon lui répond :

« Mademoiselle,

« Vous me ferez plaisir de ne pas m'entretenir de vos opinions politiques et religieuses. Outre que je n'admets pas qu'une femme entende rien à ces sortes de choses, j'ai assez de mes conférences avec le public, sans infester ma vie privée de toutes ces épines.

« Je vous salue sincèrement.

« P.-J. PROUDHON. »

Nous voyons là système et calcul, mais de vertu, pas l'ombre.

Qu'il suffise de rappeler à M. Proudhon dans quelles circonstances a eu lieu certain mariage à Sainte-Pélagie, pour le convaincre que l'ange des légitimes amours n'a pas toujours veillé au chevet des plus chaleureux apôtres de la continence.

Croyez-vous, sectaires menteurs, que nous allons vous laisser intacte autour du front cette auréole usurpée?

Le livre de la *Célébration du dimanche*, envoyé par Pierre-Joseph aux académiciens franc-comtois, fut accueilli par eux assez froidement.

Sous la toison de l'agneau perçait déjà l'oreille du loup.

Proudhon, tout en concluant au repos
du septième jour, comme hygiène et
comme devoir, déclarait que l'égalité des
conditions seule pouvait décider les
peuples à l'exacte observance de la loi
divine. Sans prêcher l'émeute, il invo-
quait la république, et ce livre était tout
simplement la préface du fameux mémoire *Qu'est-ce que la propriété?* mis en
vente par son auteur, juste au moment
où allait s'éteindre la rente triennale
servie par madame veuve Suard.

Le pensionnaire de l'académie de Besançon tenait à remercier dignement
ses bienfaiteurs, et à leur montrer le
profit qu'il avait su tirer de l'étude.

Il leur dédia son œuvre.

« C'était pousser un peu loin l'amour

de l'antinomie, dit M. Hippolyte Castille,
que d'adresser à d'honnêtes bourgeois
de province un ouvrage aussi profondé-
ment révolutionnaire. Il n'est pas admis-
sible que M. Proudhon soit pur de toute
malice dans cette circonstance. Nous ne
saurions y voir qu'une saillie méphisto-
phélique des plus réjouissantes. Ce qui
complète le comique de l'histoire, c'est
que la bonne académie se fâcha [1]. »

M. Castille a tort de plaisanter sur une
chose aussi grave.

Certes, nous ne prétendons pas dire
que la pension triennale engageait chez
l'écrivain la liberté d'opinion.

Pierre-Joseph, on vous l'accorde,
avait le droit de rédiger son œuvre dans

[1] *Les Hommes et les Mœurs*, page 253.

le sens le plus révolutionnaire possible
et le plus antisocial; mais envoyer à de
tranquilles académiciens, à des hommes
d'ordre, à ceux qui lui avaient aplani
les routes de l'étude ce mémoire incen-
diaire; mais leur jeter à la face des pages railleuses, insensées, contraires à
leurs sentiments connus et à leurs doctrines; mais prendre son livre à deux
mains tout exprès pour en souffleter la
reconnaissance, voilà ce qu'on lui repro-
chera sans cesse et toujours comme une
action mauvaise.

L'académie, à la suite de longs et so-
lennels considérants, somma son pensionnaire d'effacer du livre la dédicace.

Mais Pierre-Joseph, dont l'orgueil a
toujours le dernier mot, même quand

pour y parvenir il doit friser l'odieux, remplaça sur la seconde édition les pages absentes par ces lignes aimables :

« Après un arrêt si burlesque, je n'ai plus qu'à prier le lecteur de ne pas mesurer l'intelligence de mes compatriotes à celle de notre académie. »

Proudhon se peint tout entier dans cet épisode de son histoire.

Séparez l'homme de l'écrivain, vous avez une honnête et franche nature, incapable d'excès, modeste, simple, et, disons-le, presque candide.

Chez lui le cœur est excellent; tous les mauvais instincts se sont logés dans la tête.

Penseur précoce, il a cherché de bonne heure la clé des mystères de la vie. Ses

premières luttes, ses premières souffran-
ces lui ont donné des convictions tena-
ces, rivées par l'orgueil à son crâne de
fer.

A cheval sur un sophisme et la plume
à la main, Pierre-Joseph devient terrible.

L'honnêteté ne le regarde plus ; tout
lui est bon pour faire triompher ses principes.

Le voilà parti, gare !

Vous ne l'arrêterez ni par le raisonne-
ment, ni par la foi, ni par la conscience.
Il se jette en aveugle au travers des ins-
titutions les plus saintes, foule aux pieds
les lois, les mœurs, les religions, distri-
bue des coups de cravache à la sagesse
des siècles, écrase tout sur la route et

4.

court droit devant lui, dût-il galoper jusqu'à l'enfer.

L'homme ne vous donnera pas une
chiquenaude; mais l'écrivain, si vous
avez l'audace de lui résister, vous man-
gera jusqu'au cœur.

Il se grise avec ses phrases, il s'enivre
avec ses paradoxes. Un démenti le fait
rugir, une contradiction le rend hydro-
phobe.

Ôtez-lui la plume, et vous aurez un
gros franc-comtois rubicond, tranquillement assis au foyer domestique, accep-
tant le monde, la société, la famille, dor-
mant à ses heures, caressant sa femme
et souriant au berceau de ses enfants [1].

[1] La vie privée de Proudhon est inattaquable. Son
intérieur est patriarcal. Il habite, rue d'Enfer, un

Le socialiste féroce devient un bourgeois paisible, l'ogre boit du lait; le ti-
gre se change en mouton.

C'est fort curieux sans doute ; mais ce
n'est pas un motif pour accepter ses
livres.

A la publication du mémoire sur la
propriété, peu s'en fallut que le gouvernement ne se fâchât comme l'Académie.
M. Blanqui aîné, professeur d'économie

modeste appartement au rez-de-chaussée, où tout
respire la paix et l'ordre. Rentré chez lui, Pierre-Joseph semble secouer sur le seuil de la porte tout ce
qu'il y a de despotisme et de violence dans son caractère
public. Lorsqu'il loua ce logement près du Luxembourg,
le propriétaire de l'immeuble, terrifié d'apprendre qu'il
allait abriter Proudhon, voulut chasser son concierge,
et s'opposa de la façon la plus énergique à l'emména-
gement du chef socialiste. — Allons, allons, dit celui-
ci, je m'engage à vous payer toujours six mois d'a-
vance; entendons-nous! Et ils s'entendirent.

politique au Conservatoire des arts et
métiers, intervint fort à propos, et sauva
Proudhon de la cour d'assises.

Chargé par le ministre Vivien d'exa-
miner l'ouvrage, il déclara qu'il n'y
avait pas lieu d'intenter à l'auteur une
action criminelle.

Voici un passage de la lettre que l'illustre professeur écrivit alors à Pierre-
Joseph :

« Je suis parvenu à retenir le bras sé-
culier en faisant sentir que votre livre
était une éloquente dissertation d'académie, et non point un manifeste d'incen-
diaire. Votre style est trop haut pour jamais servir aux insensés qui discutent
dans la rue, à coups de pierres, les plus

grandes questions de notre ordre social. »

Il est vrai qu'on les discuta plus tard
à coups de fusil.

Nous croyons que l'examinateur du
ministre, beaucoup trop occupé de ses
cours pour étudier sérieusement l'ouvrage, aura chargé de la besogne monsieur son frère.

Blanqui jeune a plus d'une fois déteint
sur Blanqui aîné.

Renonçant à poursuivre Proudhon [1],

---

[1] L'auteur du livre sur la *Propriété* fit alors une espèce d'amende honorable, qui avait pour unique but de
sauver son livre de la saisie. Peu lui importait une
contradiction, pourvu que le Mémoire subsistât. L'écrivain, au besoin, devient hypocrite et recourt à la ruse pour
sauver le principe. « Ma dialectique *ab irato*, disait-il,
« aura manqué son effet sur quelques intelligences pai-
« sibles : quelque pauvre ouvrier, plus ému de mes

les ministres de Louis-Philippe cherchè-
rent à le séduire. C'était dans les mœurs
gouvernementales du jour. On lui offrit
une chaire à son choix, chaire d'histoire
ou d'économie politique.

Pierre-Joseph, comme on le devine
fort bien, se donna la gloire de tran-
cher de l'incorruptible.

Mais si le gouvernement s'est montré

« sarcasmes que de la solidité de mes raisons, aura
« conclu peut-être que la propriété est le fait d'un
« machiavélisme des gouvernants contre les gouvernés,
« déplorable erreur *dont mon livre lui-même est la
« meilleure réfutation.* » Rien n'est moins sincère
que cette phrase. Proudhon ne se gênait pas alors
pour dire très-haut ce qu'il n'osait plus écrire. Ainsi
le communiste Charles Teste lui-même croyait en-
tendre la trompette du jugement dernier et frissonnait
de terreur quand Pierre-Joseph lui expliquait ses plans
de réforme. Il le quittait en disant : — Quelle audace!
quel orgueil !.., C'est le diable!

faible et ne l'a point puni, la société le
juge et refuse de l'absoudre.

Écrire sur la première page d'un livre
ces mots pleins d'alarmes et de tempê-
tes : *La propriété c'est le vol !* quand on
doit finir par ceux-ci : *La possession in-
dividuelle est la condition de la vie sociale; cinq mille ans de propriété le
démontrent !* Voilà, convenez-en, la dis-
tinction la plus tardive et la plus perfide
qui ait jamais été griffonnée par un so-
phiste sous l'œil de l'homme.

Ah ! que tu prévoyais bien, rhéteur,
l'effet de ces paroles posées par toi tout
d'abord en axiome !

Ah ! que tu faisais sciemment appel à
la menace, à la colère, aux passions de
l'envie !

·· Point d'excuse! ton crime social est aussi visible que les rayons du jour.

Tu savais que le plus grand nombre des lecteurs n'iraient pas jusqu'au bout de ton œuvre; tu savais que l'ignorant, le pauvre, celui qui souffre ici-bas, celui qui n'a rien sous le soleil retiendrait ta première phrase, en ferait son évangile, et l'écrirait comme devise sur le noir drapeau du pillage.

Tu as évoqué pour ta satisfaction personnelle les hideuses furies de la destruction et de la ruine.

Tu as voulu venger ton enfance humiliée, ta jeunesse méconnue. Le fiel débordait de ton âme comme d'une coupe trop pleine, et tu as écrit ce livre en

haine des hommes, comme tu devais
plus tard en écrire un autre en haine de
Dieu.

Pierre-Joseph ne se contenta pas de
jeter aux masses inintelligentes ce cri
farouche : *La propriété c'est le vol.*
Afin de leur ôter jusqu'au germe de l'es-
pérance et de ne plus leur laisser que
la rage au cœur, il inventa cet autre
axiome : *Dieu, c'est le mal.*

Ici, nous nous bornons à citer, sans
réflexions, sans commentaires.

« Le premier devoir de l'homme in-
telligent et libre est de chasser incessam-
ment l'idée de Dieu de son esprit et de sa
conscience. Car Dieu, s'il existe, est es-
sentiellement hostile à notre nature.

Qu'on ne dise plus : Les voies de Dieu
sont impénétrables ! Nous les avons pé-
nétrées, ces voies, et nous y avons lu en
caractères de sang les preuves de l'im-
puissance, si ce n'est du mauvais vouloir
de Dieu.

« Un seul instant de désordre, que le
Tout-Puissant aurait pu empêcher et
qu'il n'a pas empêché, accuse sa providence et met en défaut sa sagesse.

« De quel droit Dieu me dirait-il encore : *Sois saint, parce que je suis*
saint? Esprit menteur, lui répondrai-je,
Dieu imbécile, ton règne est fini ; cherche parmi les bêtes d'autres victimes.
Pourquoi me trompes-tu? pourquoi par
ton silence as-tu déchaîné en moi l'é-
goïsme? pourquoi m'as-tu soumis à la

torture du doute universel? doute de la
vérité, doute de la justice, doute de la
conscience, doute de toi-même, ô Dieu!
Les fautes dont nous te demandons la
remise, c'est toi qui nous les fais com-
mettre; les piéges dont nous te conju-
rons de nous délivrer, c'est toi qui les as
tendus; et le satan qui nous assiége, ce
satan c'est toi!

« Nous étions comme des néants devant ta majesté invisible, à qui nous
donnions le ciel pour dais et la terre
pour escabeau.

« Et maintenant te voilà détrôné et
brisé. Ton nom si longtemps le dernier
mot du savant, la sanction du juge, la
force du prince, l'espoir du pauvre, le
refuge du coupable, eh bien! ce nom,

désormais voué au mépris et à l'ana-
thème, sera sifflé parmi les hommes.
Car Dieu, c'est sottise et lâcheté ; Dieu,
c'est hypocrisie et mensonge ; Dieu, c'est
tyrannie et misère ; Dieu, c'est le
mál. »

Depuis le jour où, du fond de l'abîme,
les rugissements de l'ange vaincu montè-
rent au ciel, comme un sombre nuage
de malédiction et de blasphème, on
n'entendit rien de plus monstrueux et de
plus horrible.

Ici, le moraliste épouvanté courbe la
tête.

Que répliquer à un écrivain assez
perdu d'orgueil ou de folie pour oser
imprimer de pareilles lignes? Dieu seul
peut lui répondre avec sa foudre, à moins

qu'il ne. laisse aux hommes le soin de l'envoyer à Bicêtre.

De 1841 à 1846, Proudhon publia ses principaux ouvrages[1].

Il y révèle une grande force de dialectique, y donne des preuves de talent incontestables et montre une habileté merveilleuse de style, triple danger pour ceux qui seraient tentés de le lire sans avoir l'âme chevillée aux saines croyances et la dose de jugement nécessaire pour triompher du paradoxe.

[1] En voici les titres : *Avertissement aux propriétaires; — Organisation du crédit, — De la Création de l'ordre dans l'humanité, — Système des contradictions économiques, — Solution du problème social,* etc. Après 1848, il imprima la brochure du *Droit au travail* et le *Résumé de la question sociale* (Banque d'échange), le tout édité par Garnier frères, Palais-Royal.

En temps de révolution, il y a deux hommes qu'un dictateur doit faire taire, n'importe à quel prix.

C'est Pierre-Joseph et Girardin.

Le premier, parce qu'il a trop de conscience dans le mensonge; le second, parce qu'il n'en a point du tout, même dans la vérité.

Nous savons que notre siècle aime les excentriques. On trouve des excuses à leurs plus folles et à leurs plus coupables manœuvres.

— Bah! disent les uns, Proudhon ne pense pas un mot de ce qu'il écrit.

— Que voulez-vous? reprennent les autres: il faut bien être connu de la foule. C'est l'histoire de l'individu qui décharge

un pistolet à sa fenêtre pour mieux fixer
les regards des passants. Proudhon, au
lieu d'un coup de pistolet, a tiré un
coup de canon, rien de plus simple.

Là-dessus on allume un cigare et l'on
se promène le nez au vent.

Puis, un beau matin, la société se ré-
veille au bord d'un gouffre. On est frappé
d'épouvante, on court aux armes. Pour
effacer l'encre des sophistes, on verse
des flots de sang.

Mieux valait renverser leur écritoire
tout d'abord et briser la plume entre
leurs doigts.

Si Proudhon n'a eu d'autre but que
de se rendre illustre, en prêchant ses in-
fernales doctrines, il a parfaitement

réussi à conquérir la célébrité d'Éros-
trate.

En 1842, le fils du tonnelier, traduit
devant la cour d'assises de Besançon [1],
défend lui-même sa cause, émerveille
par son éloquence les braves jurés franc-
comtois et leur fait voir des étoiles en
plein midi.

Le verdict d'acquittement est pro-
noncé.

Pierre-Joseph vend son fonds typographique et cherche un emploi.

Recommandé par un membre influent
de la chambre de commerce bisontine,
il est appelé à Lyon pour y diriger la

[1] Il avait à répondre de celle de ses brochures qui
a pour titre : *Avertissement aux propriétaires.*

grande entreprise des transports par eau sur la Saône et sur le Rhône, fondée par MM. Gauthier frères.

Il déploie dans ces fonctions nouvelles une intelligence rare, une intégrité parfaite, et reçoit de fort beaux honoraires, dont il expédie, comme toujours, la plus forte part à sa famille nécessiteuse.

Dans l'intervalle, il écrit sa brochure économique, intitulée : *De la Concurrence entre les chemins de fer et les voies navigables.*

Après quatre années de séjour à Lyon, voyant sa bourse assez ronde, Pierre-Joseph revint à Paris, où les libraires vendaient fort peu de ses ouvrages.

5

...La presse était restée muette pour
lui.

Tous les journaux bien pensants orga-
nisaient contre le terrible publiciste la
conspiration du silence, et les feuilles
radicales ne se décidaient pas à caresser
le dos rugueux du sanglier de la dialectique, dont elles avaient plus d'une fois
déjà reçu les coups de boutoir.

Ainsi les œuvres de Pierre-Joseph n'é-
taient point descendues des hautes ré-
gions de la littérature et de la science,
et le public ne se doutait pas qu'elles
fussent imprimées, lorsque la révolution
de 1848 éclata.

Proudhon, très-éloigné de s'attendre à
l'avénement de la république, resta

saisi de stupeur, quand elle se montra
comme une comète à l'horizon révolutionnaire.

Il fut tenté de lui dire :

— Va-t'en ! qui t'appelle ? L'heure de
ta seconde naissance n'est pas sonnée.
Tu ne devais avoir que moi pour par-
rain !

Toutes réflexions faites néanmoins, il
accepta l'accouchement politique et se
résigna, sans trop de grimaces, à croquer les dragées du baptême.

« — Ils sont incapables d'organiser la
révolution, s'écria-t-il : moi, je m'en
charge ! »

Aussitôt le *Représentant du peuple*,
feuille très-estimée du carrefour, dresse

un piédestal à Pierre-Joseph. On présente
ses livres à l'admiration des masses; on
les prône, on les commente ; ses doctrines obtiennent un succès monstre ; *la
Propriété c'est le vol* fait merveille, et
voilà Proudhon porté à l'Assemblée nationale sur les épaules populaires.

C'était quelques jours avant l'insur-
rection de juin.

Jusqu'alors, sous le publiciste, on n'a
pas vu percer l'ambitieux. Mais le masque tombe. Pierre-Joseph se pose carré-
ment en chef de parti.

Sa mère vient à mourir, et lui-même
avoue (rien ne l'obligeait à une aussi
triste confession), que cette mort, au
milieu des agitations politiques, n'eut

qu'un faible retentissement dans son âme.

Oh! monsieur! vous que nous citions tout à l'heure comme un modèle de piété filiale!

Chaque matin, à cette époque, les habitants de la rue Mazarine, logés en face du n° 70, voyaient au dernier étage de l'hôtel de la *Côte-d'Or* [1], et dans la plus modeste de ses mansardes, un homme d'une quarantaine d'années, à la face pleine et fraîche, aux cheveux rares, au front large et découvert, écarter les rideaux de sa petite fenêtre, y accrocher un miroir, se barbouiller le menton d'une mousse savonneuse et se raser

[1] Cet hôtel n'existe plus.

tranquillement sous l'œil des voisins.

Habillé d'une veste grise qui lui tenait lieu de robe de chambre [1], cet homme, que chacun prenait pour un marchand de vins retiré, n'était rien autre que l'illustre citoyen Proudhon.

L'Hôtel de la *Côte-d'Or* fut témoin d'une scène assez curieuse, le jour où les élus du peuple furent proclamés.

Par les ordres de la maîtresse du garni,

---

[1] Proudhon a toujours affecté dans son costume une grande négligence. Un chapeau très-bas et à larges bords, un paletot digne de la coupe inexpérimentée d'un tailleur de village, un pantalon qui n'atteint jamais la cheville, une cravate en corde et des souliers empruntés à M. Dupin forment sa plus élégante toilette. A Sainte-Pélagie, il se donna la jouissance d'une rusticité absolue, porta la blouse et se chaussa d'énormes sabots bourrés de paille.

on enleva de la mansarde du nouveau
représentant tous les effets à son usage;
et on les descendit au premier dans la
plus belle chambre de la maison.

Quand Pierre-Joseph rentra, ce démé-
nagement le mit en colère.

Il tenait à sa mansarde, moins par
économie que par force d'habitude.[1]

— Eh! monsieur Proudhon, dit l'hô-
tesse matoise, je veux tâter un peu de

[1] Il s'attache aux personnes et aux lieux avec
une grande constance. Vous ne soutiendrez pas im·
punément devant lui qu'il y a un pays plus beau que
le sien, une population plus intelligente que celle de
la Franche-Comté. Quelqu'un lui vantait un jour la
culture facile de la Beauce. Il s'écria dans son langage
de Titan : « Chez nous on attelle vingt bœufs à une
charrue et on laboure du granit! » C'est lui qui a dit
encore : « Dans mon pays, quand un homme a une
idée, il meurt avec! »

vos vingt-cinq francs! Faites aller le
commerce, croyez-moi ; c'est le salut de
la république.

La raison était péremptoire.

Pierre-Joseph prit en grognant la clé
de sa nouvelle chambre et s'y installa.

Nous tenons de source certaine qu'il
distribuait alors en secours plus de la
moitié de ses honoraires. Il n'oubliait
ni sa première condition ni ses premiers
travaux, et venait surtout en aide aux
ouvriers compositeurs dans la détresse.

Sur les bancs de l'Assemblée nationale,
avec ses doctrines, son humeur querelleuse et son orgueil, Proudhon ne tarda
pas à s'attirer de méchantes affaires.

Chacun se rappelle encore ce joli projet d'impôt sur le revenu, dont la chambre fit justice.

On put voir aux prises, ce jour-là, MM. Thiers et Proudhon.

La taquinerie lutta contre la rudesse, l'esprit contre l'audace, la mouche contre le taureau.

Harcelé par les piqûres du microscopique orateur, furieux, essouflé, mugissant, Proudhon s'élance à la tribune, lâche tous les tonnerres de sa voix, attaque l'ordre social avec délire, en fait un amas de décombres, y traîne par les cheveux la propriété pantelante, et la soufflette sur les deux joues aux cris de scandale de ses collégues.

Jamais tumulte plus inexprimable

n'eut lieu dans une assemblée d'hommes.

Thiers déclare qu'il n'est pas de sa dignité ni de celle de la représentation nationale de répondre à une semblable diatribe.

On l'applaudit énergiquement et l'on se hâte d'enterrer le projet dans les catacombes de l'ordre du jour.

Un homme, un seul, eut le courage d'appuyer Pierre-Joseph de son vote. Ce fut Greppo, noble citoyen, dont le nom, pour ce fait inouï, passera dans l'histoire.

Proudhon reconnaissant emmena dîner au Palais-Royal, son héroïque minorité.

La chambre, à partir de ce jour,

frappa le violent orateur d'une espèce
d'ostracisme. On l'isolait avec Greppo
sur un banc de la gauche, et les montagnards eux-mêmes l'avaient en abo-
mination profonde.

Un banquet de frères et amis s'orga-
nise quelques semaines plus tard. On
veut bien y souscrire, mais à l'expresse
condition que Pierre-Joseph ne sera
point invité.

Se voyant en butte aux colères du
parti républicain lui-même, notre héros,
comme toutes les natures opiniâtres et
brutales, s'enfonce plus résolument encore dans sa doctrine répulsive.

Le soir où ses collègues, pâles d'é-
pouvante, écoutent le bruit sinistre du

canon de juin, Proudhon quitte l'assemblée d'un air joyeux, rentre chez lui,
s'habille comme pour une fête et se di-
rige du côté de la Bastille, afin d'admi-
rer de plus près *la sublime horreur de
la canonnade.*

Ce sont là ses propres expressions,
nous n'y changeons rien.

Si la capitale du monde civilisé n'est
pas aujourd'hui un monceau de ruines,
si la France existe encore et n'est pas
devenue la proie d'une autre invasion
de barbares, ce n'est point, certes, au
système politique et social de Pierre-Joseph que nous devons le salut.

Supprimé pour les articles qu'il em-
prunte à la plume du grand pré-

tre socialiste, le *Représentant du peuple* renaît presque aussitôt de ses cendres.

Il s'intitule *Le Peuple*, et nomme Proudhon son rédacteur en chef[1].

Ayant entre les mains une plume quotidienne, le premier soin de notre héros est d'attaquer ces maroufles de montagnards qui l'ont méconnu.

Félix Pyat trouvant, un jour, que Pierre-Joseph, en relatant les épisodes

[1] Le *Peuple* s'est vendu quotidiennement jusqu'à soixante et soixante-dix mille exemplaires. A l'époque où ce journal réalisait les bénéfices les plus considérables, Proudhon ne prit jamais à la caisse plus de *cinq francs* par jour pour ses besoins personnels, et, le cautionnement de la feuille ayant été saisi à la suite d'une condamnation judiciaire, il rapporta, le soir même, ce cautionnement (24,000 fr.) à l'imprimeur qui l'avait fourni.

d'un banquet rouge, lui a prêté un rôle
ridicule, va droit à lui dans les couloirs
de la chambre, l'apostrophe énergiquement et le somme d'insérer une rectifi-
cation.

Proudhon se retourne, et, pour toute
réponse, lui administre un énorme coup
de poing sur la tête.

Moins rustique ou plus parlementaire,
Pyat riposte par un soufflet.

Une véritable partie de boxe s'engage.
Les amis s'interposent. On retire le
jeune montagnard, à demi étranglé, des
mains du robuste socialiste.

Il est convenu que l'affaire doit suivre la voie des armes; rendez-vous est
pris pour le lendemain, au bois de Bou-
logne.

Mais le *Peuple* tremble pour son rédacteur en chef. On ne laisse pas au roi
du socialisme la libre disposition de sa
vie, et la police, prévenue, s'oppose au
duel. Chaque fois que les adversaires ar-
rivent sur le terrain, des agents débus-
quent autour d'eux et les empêchent de
se battre.

Enfin, le 1er décembre, on parvient à
déjouer toute surveillance, et quatre
coups de pistolet s'échangent sans qu'il
y ait mort d'homme.

Les témoins, par un sentiment de
prudence fort louable, avaient sans doute
glissé dans les canons des balles de
liége.

Ce système de cartouches est assez gé-

néralement adopté dans les duels politiques.

Une caricature représenta, le jour
même, Pyat et Proudhon se battant, non
pas au pistolet, mais à coups de poing.
Leur *explication* semblait fort vive, et
l'on pouvait lire, au bas du dessin, cette
réjouissante et spirituelle légende :

« Le *Socialisme* et la *Montagne* se
donnant la main..... sur la figure. »

On commençait à comprendre que le
fouet du ridicule seul pouvait châtier cer-
tains apôtres, et Pierre-Joseph recevait
de la province des manifestations écrites,
du genre de celle-ci :

APOLOGUE.

> « Quelle est donc l'excuse de
> M. Proudhon, devant son pays dé
> chiré et devant l'histoire qui le
> jugera ? »
>
> JULES BREYNAT.

Dans un des faubourgs de Paris
Proudhon passait, un jour de fête.
Il avait, le matin, comme un bourgeois honnête,
De l'elbéuf qu'il portait fort bien réglé le prix.
        Un mendiant, couvert de crotte,
Va droit à lui, disant : — De votre redingote
La couleur, citoyen, me plaît... donnez-la-moi;
        Elle semble faite à ma taille.
        Proudhon repart : — Comment, canaille !
        Ce vêtement n'est pas à toi;
        Je l'ai payé, j'en suis le maître.
    — Oh ! j'ai l'honneur de vous connaître !
Dit à Proudhon notre homme, et j'observe vos lois.
N'avez-vous pas au moins répété deux cents fois
        Que le peuple, dans sa misère,
    Devait tomber sur le propriétaire ?
    Il vous en cuira, maître fol.

6

Je suis pauvre, avec vous je troque;
Donnez-moi donc votre défroque :
« La propriété c'est le vol!.»

GUYOT,
Capitaine d'artillerie.

Grenoble, 2 septembre.

A Paris, c'était autre chose.

La fameuse brochure du *Droit au travail et du Droit à la propriété* stimula deux auteurs dramatiques, et le Français né malin courut applaudir au Vaudeville une bouffonnerie désopilante, où Pierre-Joseph, sous la forme de l'antique serpent, commençait à poursuivre les propriétaires dans l'Éden, s'acharnait ensuite après eux de siècle en siècle, et tuait le dernier de tous sur les ruines du monde.

Proudhon ne dut pas être excessivement flatté de cette pièce; néanmoins il ne voulut pas que le ministre de l'intérieur en suspendît les représentations.

S'attribuant le *droit de tout dire* et ne le déniant à personne, pas même à Clairville-Aristophane, il donna cette leçon de logique à tous les Girardin passés, présents et futurs.

On ne s'attend pas à nous voir analyser ici les statuts de la *banque d'échange* et ceux de la *banque du peuple*, double chaos financier sur lequel Proudhon ne prononça jamais le *Fiat lux*.

Un antagoniste redoutable, M. Frédéric Bastiat, rompit une lance, au sujet du *crédit gratuit,* avec le fougueux dialecticien et lui fit perdre les arçons.

Vaincu sur toute la ligne, enseveli sous les décombres de ses systèmes, désespéré, plein de rancune et de fiel, Pierre-Joseph, ne sachant plus à qui s'en prendre, attaqua le président de la république avec une violence injurieuse, et se fit condamner par la cour d'assises à trois ans de prison.

Il fut arrêté le 5 juin 1819, au moment où il allait se réfugier en Suisse.

A Sainte-Pélagie, le premier soin de Proudhon fut de s'isoler de ses co-détenus, qu'il regardait pour la plupart

comme des êtres sans principes et dé-
nués de sens moral.

Ceux-ci se vengèrent de ses dédains
en le calomniant. Ils ont prétendu
que l'auteur de *la Création de l'ordre*
acceptait le rôle d'espion de M. Carlier.

La vérité,—c'est à nous de la dire,—
est que ces hommes ont impudemment
menti.

Proudhon donnait au préfet de police
des conseils très-sages sur certaines ré-
formes économiques, telles que la liberté
de la boucherie, la vente à la criée, etc.
Il répondait à ceux que cette conduite
paraissait surprendre :

—« Que m'importe que le bien arrive

par mes ennemis; pourvu que le bien se fasse ? »

Carlier, reconnaissant et plein de confiance en cette nature honnête, laissait Pierre-Joseph sortir à sa guise et sans suite. Fidèle à sa parole comme un ancien chevalier, notre héros, après ses courses en ville, revenait se mettre sous les verrous.

Son mariage eut lieu dans la chapelle même de la prison, et l'aumônier de Sainte-Pélagie baptisa ses deux enfants, au grand scandale des républicains, qui le surnommèrent dès lors le *socialiste bigot*.

La femme de Pierre-Joseph demeurait rue de la Fontaine, tout en face de la prison. Très-souvent le captif allait passer la nuit chez elle et ne rentrait que le lendemain dans sa cellule.

Voilà ce qui mettait nos démocrates en rage.

Ajoutez à cela que Proudhon refusait de leur ouvrir sa bourse, et vous aurez l'explication de leur haine et de leurs calomnies.

Notre héros écrivit à Sainte-Pélagie ses *Confessions d'un révolutionnaire* et son livre qui a pour titre : *Idée générale de la révolution au XIX* siècle. Un troisième ouvrage, *les Idées révolutionnaires*, est tout simplement le recueil de ses articles de journaux.

Il sortit de prison le 4 juin 1852.

Depuis cette époque il a publié *la Ré-volution sociale démontrée par le coup d'État du 2 décembre*, et un remarquable *Manuel des opérations de Bourse*, où il flétrit énergiquement l'agiotage. Il vit aujourd'hui dans la retraite, sans autres ressources que celles que lui donne sa plume [1].

Tel fut le dénouement de la lutte insensée entreprise par cet homme, à qui, certes, on ne refusera ni le talent ni le génie.

Nous avons eu la curiosité de voir de près l'ogre socialiste, avant de terminer son histoire, en le prévenant toutefois

[1] L'année dernière, il a failli mourir du choléra ; le docteur Crétin l'a sauvé par l'homœopathie.

que nous restions intrépidement son adversaire, et que notre démarche n'engageait pas une seule de nos phrases.

Il ne s'attendait assurément point à
cette visite, il ne pouvait être sur ses
gardes.

Eh bien, nous n'avons pas à effacer
une ligne de ce qui précède.

L'honorabilité du personnage est in-
contestable. Dans tout son extérieur, si
nous pouvons nous exprimer de la sorte,
il y a comme un reflet de loyauté visible
à l'œil nu.

Mais le penseur vous épouvante et
vous écrase.

On reste confondu de la bonne foi terrible avec laquelle il vous explique ses

plans, de renovation sociale ; on se
heurte à son orgueil comme à un bloc
d'airain.

Proudhon croit à l'infaillibilité su-
prême de la raison de l'homme.

Ce vers de terre, cet atome daigne ad-
mettre Dieu comme hypothèsé, en atten-
dant qu'il le démolisse et s'installe à sa
place sur le trône de l'immensité [1].

Pour argumenter avec le Jéhovah
franc-comtois, il faut d'abord se convaincre que « la pitié, le bonheur et la
vertu, de même que la patrie, la religion et l'amour, sont des masques [2]. »

[1] Voir le *Système des contradictions économiques*,
1er volume, pages 26 et 382.

[2] *Ibid.*, page 38.

Il prétend que le christianisme est
une vieillerie, quelque chose qui se dis-
loque et tombe en poudre.

Jusqu'ici M. Proudhon n'a fait que des
ruines; mais soyez sans crainte, il pro-
met de vous rendre quelque chose de
bien supérieur à l'Évangile.

Quoi donc? allez-vous demander.

Vous êtes trop curieux. M. Proudhon
ne le sait pas lui-même : *il cherche!*

Et tu crois, chirurgien audacieux, que
la société se laissera de nouveau fouil-
ler les flancs avec ton scalpel?

Un scalpel, non; c'est un couteau de
boucher que tu as entre les mains. Tu
égorges d'abord, et tu *cherches* ensuite
le moyen de ressusciter le cadavre.

Grand merci, puissant philosophe !

Justice est faite de tes doctrines. Plus
le pays te reconnaît de talent, plus il te
juge coupable.

En évoquant le matérialisme, en pré-
conisant les instincts du ventre, en nous
disant de ne rien espérer au delà de ce
monde, en excitant le pauvre contre le
riche, tu avais des chances de réussir et
de bouleverser tout.

Mais Dieu a permis que tu fusses aveu-
glé par l'orgueil et par la colère, deux
passions incapables de rien fonder chez
les hommes et qui n'ouvrent que des
abîmes.

FIN.

Paris, 26 juillet.

Mon cher,

Je vous envoie deux billets d'entrée à l'assemblée nationale pour demain jeudi, 27 ct. — Je regrette de ne pouvoir vous en offrir pour samedi, jour où je dois développer ma proposition. Mais, précisément à cause de mes collègues gardent leurs billets, comme une marchandise fort demandée...

Bonjour,

LES
CONTEMPORAINS
PAR
EUGÈNE DE MIRECOURT.

Si quelque chose, en France, excite la curiosité chez cette masse de lecteurs qui dévorent nos publications modernes, c'est évidemment l'histoire privée, l'histoire intime des écrivains illustres. Assister à leurs débuts, les suivre dans leur carrière, savoir comment ils ont obtenu les faveurs de cette fée inconstante qu'on nomme la Gloire, les surprendre en déshabillé comme de simples mortels, voilà sans contredit un aiguillon puissant, irrésistible, un attrait auquel nous cédons tous.

Aussi le public accueille-t-il avec une faveur qui va toujours croissant, la curieuse galerie de M. Eugène de Mirecourt.

Elle se distingue de toutes les publications du même genre par l'originalité des anecdotes et des détails recueillis.

Chaque homme célèbre a son volume, chaque portrait a son cadre.

Toute la pléiade qui rayonne à l'horizon des lettres défile sous nos yeux ; tout ce qui s'est distingué dans les arts, dans les sciences, dans la diplomatie, dans les armes, est passé en revue.

Les trente-deux premières biographies sont parues.

MÉRY. — VICTOR HUGO. — ÉMILE DE GIRARDIN. — GEORGE SAND. — LAMENNAIS. — BÉRANGER. — DÉJAZET. — ALFRED DE MUSSET. — GUIZOT. — GÉRARD DE NERVAL. — LAMARTINE. — PIERRE DUPONT. — SCRIBE. — FÉLICIEN DAVID. — DUPIN. — LE BARON TAYLOR. — BALZAC. — THIERS. — LACORDAIRE. — RACHEL. — SAMSON. — J. JANIN. — MEYERBEER. — PAUL DE KOCK. — THÉOPHILE GAUTIER. — HORACE VERNET. — PONSARD. — Mme DE GIRARDIN. — ROSSINI. — ARAGO. — ARSÈNE HOUSSAYE. — PROUDHON.

Les biographies à paraître sont indiquées sur

toutes nos couvertures. Le nombre des personnages annoncés dépasse CINQUANTE; mais l'auteur des *Contemporains* se réserve de faire paraître quelquefois deux biographies en un seul volume. Les volumes complexes renfermeront toujours DEUX PORTRAITS.

Quant aux personnages de la politique vivante, placés d'abord sur notre liste, nous avons appris que leur histoire était forcément soumise au timbre. Nous ferons en conséquence pour eux une collection spéciale, séparée de la première et soumise à d'autres conditions, comme vente et comme librairie.

—

AVIS IMPORTANT.

Les souscripteurs à la collection complète des *Contemporains*, c'est-à-dire ceux-là seulement qui payeront *d'avance* le prix des CINQUANTE VOLUMES, ont, dès aujourd'hui, le choix entre cinq primes diverses dont les désignations suivent :

PREMIÈRE PRIME. — Une lithographie unique, grand format, d'après Diaz, par J. Laurens : *Vénus pleurant l'Amour mort.*

2ᵉ PRIME. — Deux gravures à l'eau-forte, formant pendants : *l'Appel des dernières victimes*

de la Terreur, d'après Charles Muller, par
E. Hédouin ; — *l'Ecole des Petites Orphelines*,
d'après Bonvin, par A. Masson.

3ᵉ PRIME. — Deux lithographies formant pendants : *Animaux dans la montagne*, d'après
Rosa Bonheur, par J. Laurens; — *Solitude*, d'a-
près Jules Dupré, par J. Laurens.

4ᵉ PRIME. — Deux gravures à l'eau-forte, for-
mant pendants, gravées par A. Masson : *les
Lavandières*, d'après Tesson ; — *Paysannes des
Pyrénées*, d'après Roqueplan.

5ᵉ PRIME. — Deux charmantes lithographies,
formant pendants, d'après Diaz, par J. Laurens.

Prix de la souscription à la COLLECTION DES
CINQUANTE VOLUMES : Pour Paris, VINGT-CINQ
FRANCS; pour la province, TRENTE FRANCS.

Les volumes et les primes seront expédiés franco.

Envoyer les mandats sur la poste à M. Gustave
Havard, 15, rue Guénégaud.

Paris. — Imprimerie Walder, rue Bonaparte, 44.